BEI GRIN MACHT SICH IHR WISSEN BEZAHLT

AF165939

- Wir veröffentlichen Ihre Hausarbeit,
  Bachelor- und Masterarbeit

- Ihr eigenes eBook und Buch -
  weltweit in allen wichtigen Shops

- Verdienen Sie an jedem Verkauf

Jetzt bei www.GRIN.com hochladen und kostenlos publizieren

QM-Netzwerkdienste nach Pareto. Qualitätsverbesserung durch Anwendung der Q7 Methode

GRIN

Bibliografische Information der Deutschen Nationalbibliothek:

Die Deutsche Nationalbibliothek verzeichnet diese Publikation in der Deutschen Nationalbibliografie; detaillierte bibliografische Daten sind im Internet über http://dnb.d-nb.de abrufbar.

ISBN: 9783389014141
Dieses Buch ist auch als E-Book erhältlich.

© GRIN Publishing GmbH
Trappentreustraße 1
80339 München

Druck und Bindung: Books on Demand GmbH, Norderstedt Germany
Gedruckt auf säurefreiem Papier aus verantwortungsvollen Quellen

Das Buch bei GRIN: https://www.grin.com/document/1466233

BELEGARBEIT

Herr

Qualitätsverbesserung durch Anwendung der Q7 Methode

Mittweida, 2021

Fakultät Elektro- und Informationstechnik

BELEGARBEIT

Qualitätsverbesserung durch Anwendung der Q7 Methode

Studiengang:
Technische Informatik

Einreichung:
Mittweida, 21.03.2021

Bibliografische Beschreibung:

:

Qualitätsverbesserung durch Anwendung der elementaren Qualitätswerkzeuge Q7 (Seven Quality Tools) zum Auffinden, der Analyse und Lösung von Qualitätsproblemen

Darstellung an einem Praxisbeispiel (Vorgabe: Pareto - Analyse)

Referat:

Die vorliegende Arbeit befasst sich mit der Ermittlung, der Analyse und der Lösung verschiedener Qualitätsprobleme mit Hilfe von Qualitätsverbesserungswerkzeugen im Qualitätsmanagement. Das Hauptziel ist die praktische Umsetzung der Pareto-Analyse, um die Auswirkungen in Hinblick auf ihre Bedeutung für das Gesamtproblem zu bewerten.

Inhalt

Bibliografische Beschreibung:...5
Referat:..5

1 Problemstellung, Abgrenzung und Zielsetzung..1

2 Theoretischer Ansatz...2

  2.1 Aktive Netzwerkdienste..2
  2.2 Qualitätsverbesserungsprozess...3
  2.3 Qualitätswerkzeuge Q7..4
    2.3.1 Qualitätswerkzeug Q7 - Fehlersammelkarte 5
    2.3.2 Qualitätswerkzeug Q7 - Histogramm...6
    2.3.3 Qualitätswerkzeug Q7 - Regelkarte...7
    2.3.4 Qualitätswerkzeug Q7 - Pareto-Diagramm..8
    2.3.5 Qualitätswerkzeug Q7 - Flussdiagramm..9
    2.3.6 Qualitätswerkzeug Q7 - Korrelationsdiagramm 10
    2.3.7 Qualitätswerkzeug Q7 - Ursachen- Wirkungs- Diagramm..................11

3 Praktische Umsetzung 12

  3.1 Qualitätsverbesserung mittels Pareto-Analyse 12
  3.2 Lösungsansätze..13

4 Zusammenfassung und Fazit...15

Abbildung

Grafik 1 Fehlersammelkarte...5
Grafik 2 Beispiel eines Histogramms 6
Grafik 3 Beispiel einer Regelkarte...7
Grafik 4 Beispiel Pareto-Diagramm mit Summenkurve...8
Grafik 5 Beispiel Flussdiagramm 9
Grafik 6 Beispiel Korrelationsdiagramm..10
Grafik 7 Beispiel Ursachen- Wirkungs- Diagramm...11
Grafik 8 Pareto-Diagramm für Netzwerkdienste...13

1 Problemstellung, Abgrenzung und Zielsetzung

In vielen Unternehmen oder öffentlichen Einrichtungen ist eine geschäftliche und technische Landschaft mit komplexen Geschäftsproblemen durch Jahrzehnte teilweise sinnloser Komplexitätszunahmen und kumulierter Vernachlässigungen entstanden. In der Vergangenheit wurden damit Inseln von Technologien geschaffen, welche wiederum zueinander inkompatibel sind, und zusätzlich technische Lösungen geschaffen werden mussten um eine Kompatibilität der Geräten untereinander zu schaffen. Auch wenn sie jahrzehntelang gute Dienste geleistet haben, hat sich die IT-Industrie weiterentwickelt, sodass sich auch viele Unternehmen immer weiter vom aktuellen Stand der Technik entfernt haben und man nicht mehr in der Lage ist, von aktuellen Weiterentwicklungen zu profitieren, in der IT auch als „running loop" bezeichnet.

Bei einer Umstrukturierung, in welcher technische Dienste oder Personen entfallen können, gilt es zu bedenken, dass dadurch der ganzheitliche Unternehmensablauf gestört werden kann.

Durch eine Prozessautomatisierung können zeitliche Abläufe innerhalb des Unternehmens optimiert werden. Dabei kommt dem Zeitmanagement in den letzten Jahren zusätzlich immer mehr an Bedeutung zu. Von vielen wird in einer Zeit der Globalisierung erwartet, immer mehr Arbeit in weniger Zeit zu leisten. Schnell geht dabei der Überblick verloren und es entstehen Fehler. Daher ist es auch in diesem Zusammenhang von enormer Wichtigkeit die Abläufe neu zu organisieren und die verfügbare Zeit möglichst effizient zu nutzen. Somit kann die ursprünglich auferlegte Quantität wieder die notwendige Qualität gewährleisten. So gelingt es, die anstehenden Ziele zu definieren, die richtigen Prioritäten zu setzen und somit effektiver und effizienter zu arbeiten.

Ziel dieser Ausarbeitung ist es, die Qualitätsverbesserung durch Anwendung ausgewählter elementarer Qualitätswerkzeuge Q7 anhand von Netzwerkdiensten darzustellen. Hierbei werden zunächst die aktiven Netzwerkdienste, der Qualitätsverbesserungsprozess und dessen Qualitätswerkzeuge Q7 definiert. Anschließend wird die Qualitätsverbesserung der aktiven Netzwerkdienste mithilfe ausgewählter Qualitätswerkzeuge Q7 zielgerichtet durchgeführt. Einen Abschluss findet diese Ausarbeitung dann in Form eines zufassenden Fazits.

2   Theoretischer Ansatz

2.1   Aktive Netzwerkdienste

Die meisten Netzstrukturen sind ein klassisches KMU-Netzwerk bestehend aus einem Core Layer, Distribution Layer und Access Layer.

Inhalte der unterschiedlichen Layerstrukturen sind Dienste, wie Helpdesk, E-Mailserver, Firewall, Netzwerkspeicher oder Telefonanlagen und werden im Netzwerkbereich als ein Backbone-System beschrieben und stellen eine zentrale Verbindung zwischen Netzwerk und dem Nutzer dar.

Aktive Netzwerkkomponenten bestehen in der Regel aus komplexer Hardware. Sie sind das Kernstück eines Netzwerks. Ein Netzwerkdienst ist eine abstrahierte Funktion, die von einem Computernetzwerk den Anwendern bzw. teilnehmenden Geräten bereitgestellt wird. Der Fokus liegt dabei darauf, dass ein Dienst eine in sich geschlossene Funktionskomponente aus Anwendersicht darstellt, diese Funktion kann technisch über eines oder auch mehrere Netzwerkprotokolle der Anwendungsschicht realisiert werden. So ist beispielsweise das World Wide Web ein Dienst, den das Internet bereitstellt; dieser Dienst wird technisch über das Netzwerkprotokoll Hypertext Transfer Protokoll realisiert.

Netzwerkdiensten ist gemeinsam, dass vorhandene Ressourcen gemeinsam genutzt werden. Bei vielen Systemen werden von Service-Anbietern sogenannte Dienste angeboten, die andere Arbeitsstationen nutzen können, um auf die Ressourcen zuzugreifen. Diejenigen, die diese unterschiedlichen Dienste anfordern und benutzen, nennt man Service-Kunden. Typische Dienste sind Helpdeskservices, E-Mailserver, Firewalls, Speicher oder Telefonanlagen.

Nicht netzwerkbezogene Dienste innerhalb eines Unternehmens wären z.B. das Backoffice wie die Gehaltsstelle oder im öffentlichen Dienst auch häufig vorkommend der Servicebereich, welcher sich um die personellen Angelegenheiten kümmert. [1]

---

[1] Netzwerkdienste, Wikipedia, https://de.wikipedia.org/wiki/Netzwerkdienst

2.2   Qualitätsverbesserungsprozess

Bei der Qualitätsverbesserung geht es in erster Linie darum, die Qualitätsfähigkeit / Quali-
tätsleistung zu erhöhen. Es geht darum bisherige Abläufe zu hinterfragen, Fehler zu erkennen, aus ihnen zu lernen und so laufende Prozesse stetig zu verbessern. Hierbei handelt es sich um einen kontinuierlichen Verbesserungsprozess (KVP).

Bei der Umsetzung des Qualitätsverbesserungsprozesses kann man sich verschiedene
Qualitätswerkzeuge zunutze machen - die sogenannten Q7.

Die Qualitätswerkzeuge dienen als elementare Instrumente, um Qualitätsprobleme festzu-

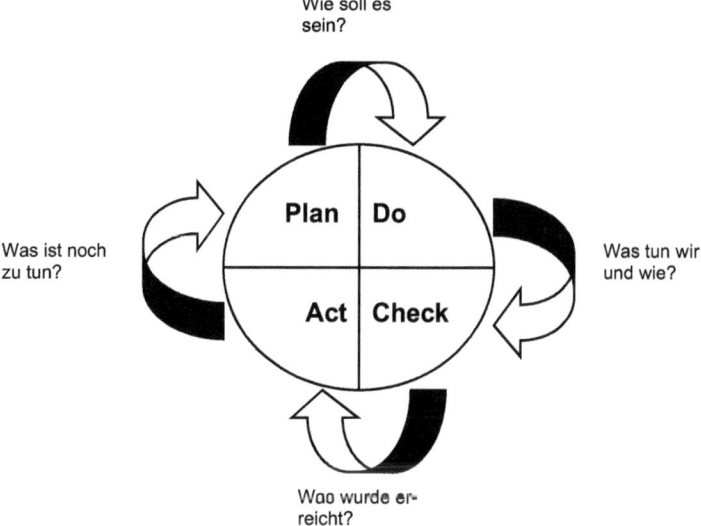

stellen, Problemgebiete einzugrenzen, ursächlich erscheinende Faktoren zu bewerten, deren Ursache festzustellen, vermeidbare Fehler zu verhindern, die Wirkung von Verbesserungen zu analysieren und Ausreißer zu erkennen. [2]

---

[2] Quelle: Pepels, W., (1998), S.146

2.3   Qualitätswerkzeuge Q7

Die sogenannten Q7 gehen auf den Japaner Kooru Ishikawa zurück. Er stellte sie für die
Bearbeitung von Qualitätsproblemen bei Geschäftsprozessen zusammen. Die Qualitätswerkzeuge haben zweierlei Nutzen. Zum einem die Fehlererfassung und die Fehleranalyse. Fehlersammellisten, Histogramme sowie Regelkarte werden für die Fehlererfassung
genutzt. Der Fehleranalyse dienen das Pareto-Diagramm, Flussdiagramm, Korrelationsdiagramm und Ursache- Wirkung- Diagramm.

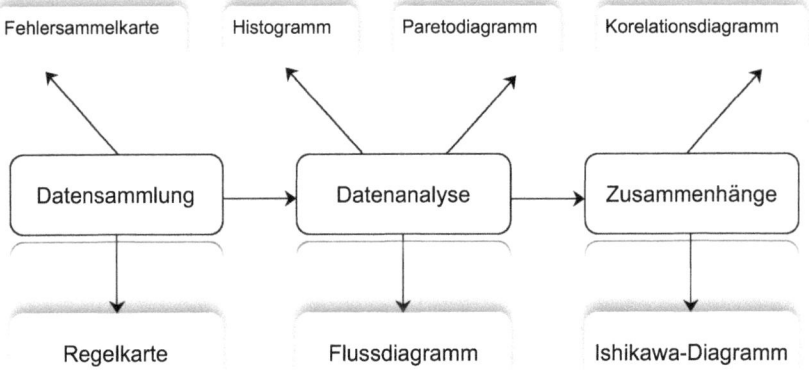

2.3.1 Qualitätswerkzeug Q7 - Fehlersammelkarte

Die Fehlersammelkarte erfasst die Häufigkeit von Fehlern. Sie wird, wie unten dargestellt, per Strichliste in einer Tabelle geführt. Der Vorteil der Fehlerkarte ist es, dass sie leicht umzusetzen ist und keine weiteren Vorkenntnisse über das Verfahren erfordert. Bei der Fehlersammelkarte lässt die Übersichtlichkeit mit Zunahme der Fehlerhäufigkeit nach.

Anm. der Red.: Diese Abb. wurde aus urheberrechtlichen Gründen entfernt.

Grafik 1 Fehlersammelkarte [3]

Anwendung:

Die Darstellung der Häufigkeit von auftretenden Fehlern erfolgt entweder in der absoluten Anzahl (Typ u-Karte) oder als Prozentwert der aufsummierten Fehlerhäufigkeit (Typ p-Karte). Die Auswertung erfolgt bei der Fehlersammelkarte zumeist in einer Pareto-Analyse nach auftretenden Fehlertypen. Eine rekursive Darstellung von Fehlern durch Merkmale und detailliertere Untermerkmale ermöglicht eine sukzessive Eingrenzung von Fehlerursachen im Entstehungsprozess eines Produktes und führt zum KVP. Die weitere Prozessoptimierung ist auch durch die Pareto-Analyse nach Bauteilen oder Verfahren möglich. Die Fehlersammelkarte ist Basis für die Berechnung einer Ausfallstatistik eines Produktes bzw. eines Bauteils oder einzelner Komponenten.

---

[3] Fehlersammelkarte, Wikipedia, https://de.wikipedia.org/wiki/Fehlersammelkarte

2.3.2 Qualitätswerkzeug Q7 - Histogramm

Das Histogramm ist ein Säulendiagramm, dass eine Häufigkeitsverteilung metrisch ska-
lierter Merkmale anzeigt. Besonders sind hier die visuellen Informationen, welche dieses
Qualitätswerkzeug liefert. Aus den reinen Messdaten lassen sich diese Informationen
nicht ableiten. Die Vorteile des Histogramms bestehen darin, dass große Datenmengen
abgebildet und diese leicht erstellt werden können. Daraus ergeben sich allerdings auch
die Nachteile, dass sich das Histogramm auf metrische Daten beschränkt und somit keine
Ursachenanalyse abbilden kann.

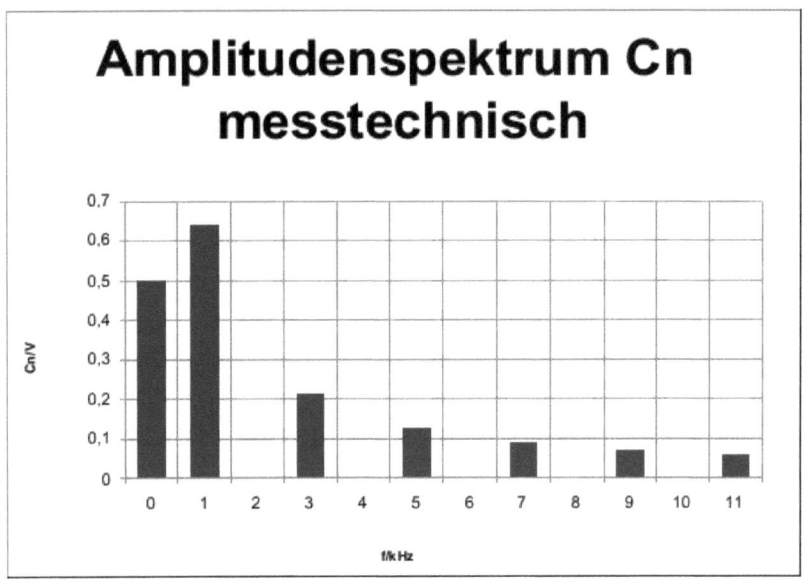

Grafik 2 Beispiel eines Histogramms [4]

Anwendung:

Für die Konstruktion eines Histogramms sind mehrere Schritte nötig:

Einteilung in Klassen, Bestimmung der Klassenhäufigkeit, Bestimmung der Häufigkeits-
dichte, statistische Schwankungen und Abschätzung der Anzahl der Klassen und Histogramm grafisch darstellen.

---

[4] Quelle: Eigene Abbildung

2.3.3 Qualitätswerkzeug Q7 - Regelkarte

In der Regelkarte lassen sich Messergebnisse über einen längeren Zeitraum darstellen. In Stichproben werden Merkmalsdimensionen, die nach festgelegten Verfahren unter stets gleichen Bedingungen aus den laufenden Prozessen entnommen werden, gemessen. Die Werte werden dann nacheinander in der Regelkarte eingetragen. Damit kann der Prozessverlauf zeitlich erfasst und statistisch fundiert werden. Allerdings ist keine Fehleranalyse anhand der Regelkarte möglich. Um die Regelkarte korrekt anzuwenden ist eine vorherige Schulung erforderlich. Zudem bildet die Regelkarte keine kurzfristigen Ergebnisse ab.

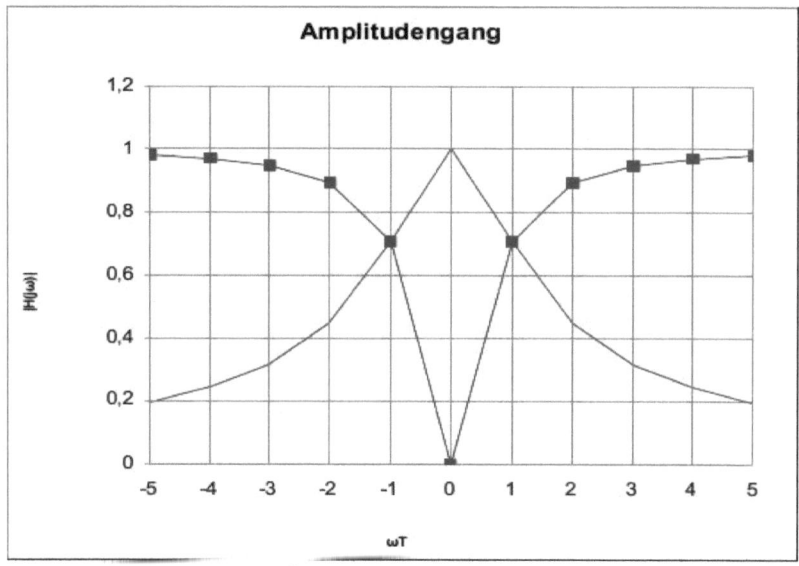

Grafik 3 Beispiel einer Regelkarte [5]

Anwendung:

Man trägt seine Messwerte in ein Koordinatensystem auf der y-Achse ein, mit der x-Achse als Zeit, im Beispiel als ωT dargestellt. Die Messwerte sollten sich um einen Mittelwert konzentrieren. Um diesen Mittelwert herum gibt es zwei Grenzen, einmal die Korrekturgrenze und weiter entfernt die Ausschussgrenze. Wenn sich die Ausreißer häufen, ohne erkennbaren Trend oder Mittelwert, handelt es sich um einen nicht beherrschten Prozess. Bei beherrschten Prozessen hingegen hält sich die Streuung der Messwerte um den Mittelwert in engen Grenzen.

---

[5] Quelle: Eigene Abbildung

2.3.4 Qualitätswerkzeug Q7 - Pareto-Diagramm

Das Pareto-Diagramm nutzt die Daten der Fehlersammelkarte. Das Diagramm sortiert die Daten der Fehlersammelkarte nach Relevanz in absteigender Reihenfolge und stellt sie als Balkendiagramm zusammen mit der Summenkurve ihrer Bedeutung dar. So ist auf einen Blick zu erkennen, welche Fehler die größte Aufmerksamkeit verlangen. Der Vorteil des Pareto-Diagramms liegt darin, dass wichtige Fehler hervorgehoben werden. Hierbei können auch Daten aus verschiedenen Quellen verwendet werden.

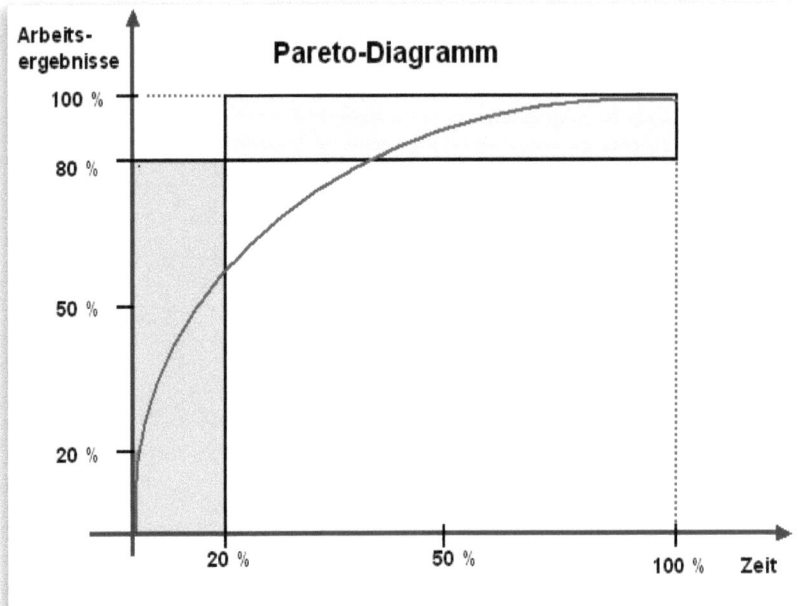

Grafik 4 Beispiel Pareto-Diagramm mit Summenkurve [6]

Anwendung:

Um ein Pareto-Diagramm zu erstellen, werden die Fehlerarten nach absteigender Fehler-anzahl sortiert, danach Fehleranzahl und Fehler-Häufigkeit kumuliert und nach Anzahl der Fehlerarten in drei Gruppen unterteilt. Trägt man die Werte in ein Diagramm ein, so ergibt sich ein weit besserer Überblick, als beispielsweise mit einer Tabelle. Damit lässt sich gut erkennen, an welchen Punkten Verbesserungen bei geringstem Aufwand große Wirkung zeigen.

[6] Quelle: Eigene Abbildung

2.3.5 Qualitätswerkzeug Q7 - Flussdiagramm

Im Flussdiagramm werden alle Ereignisse, Aktivitäten und Entscheidungen eines Prozesses skizziert. Bei der Erstellung des Diagramms werden oftmals Fehler sichtbar, die ohne Skizzierung nicht ersichtlich geworden wären. Zum Beispiel lassen sich überflüssige Prozessschritte, doppelte Kontrollaktivitäten oder Schleifen erkenntlich und damit bewusst machen. Die Vorteile des Flussdiagramms liegen darin, dass eine Visualisierung durch einfache Symbole erfolgt. Hier ist keine vorherige Schulung notwendig. Zudem sind verschiedene Detaillisierungsgrade möglich. Als nachteilig stellt sich dar, dass keine exakten Regeln für die Interpretation bestehen.

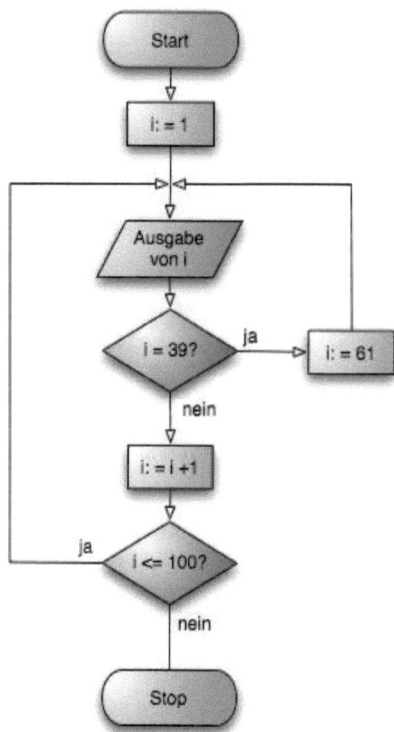

Grafik 5 Beispiel Flussdiagramm [7]

---

[7] Quelle: Eigene Abbildung

2.3.6 Qualitätswerkzeug Q7 - Korrelationsdiagramm

Das Korrelationsdiagramm wird auch Streuungsdiagramm genannt. Die Beziehung zwischen zwei Merkmalen kann hier grafisch dargestellt werden. Dazu werden die paarweise am Prozessschritt erhobenen Messwerte als Datenpunkt in ein Zweiachsiges Diagramm übertragen. Gibt es genügend Datenpunkte, so lässt sich ein Muster ablesen, das wiederum Rückschlüsse auf den statistischen Zusammenhang zwischen den Merkmalen zulässt. Das Korrelationsdiagramm kann ab dreißig Datenpaare erstellt werden. Es untersucht Richtung und Stärke eines Zusammenhangs. Nachteilig ist, dass eine exakte Berechnung mathematisch aufwendig ist. Zudem sind Scheinkorrelationen möglich.

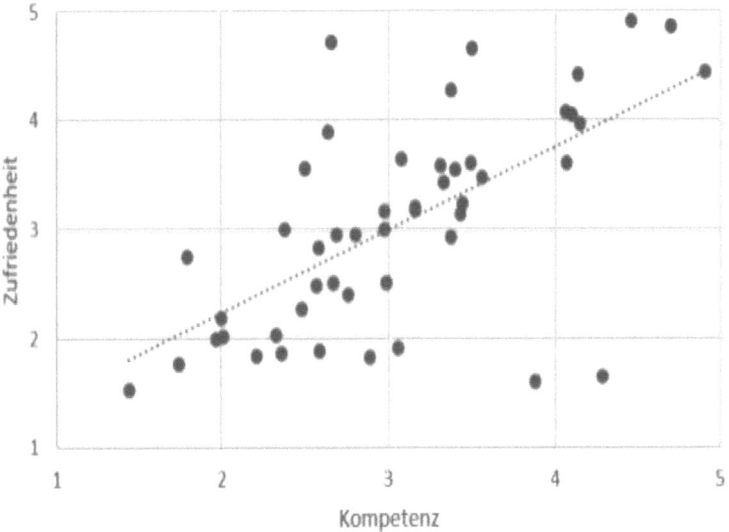

Grafik 6 Beispiel Korrelationsdiagramm [8]

[8] Quelle: Eigene Abbildung

2.3.7 Qualitätswerkzeug Q7 - Ursachen- Wirkungs- Diagramm

Das Ursachen- Wirkungs- Diagramm wird auch als Ishikawa Diagramm bezeichnet. Es geht davon aus, dass ein Fehler auf Ursachen in den Dimensionen Mensch, Maschine, Material und Methode zurückzuführen ist. Die Pfeile im Diagramm verdeutlichen dabei die Beziehung zwischen und Ursache und Wirkung. Somit wird eine systematische Suche nach den „wahren" Ursachen erlaubt. Es visualisiert die Zusammenhänge und ermöglicht das Betrachten weiterer Aussagen. Der Nachteil besteht darin, dass die gefundenen Ursa-

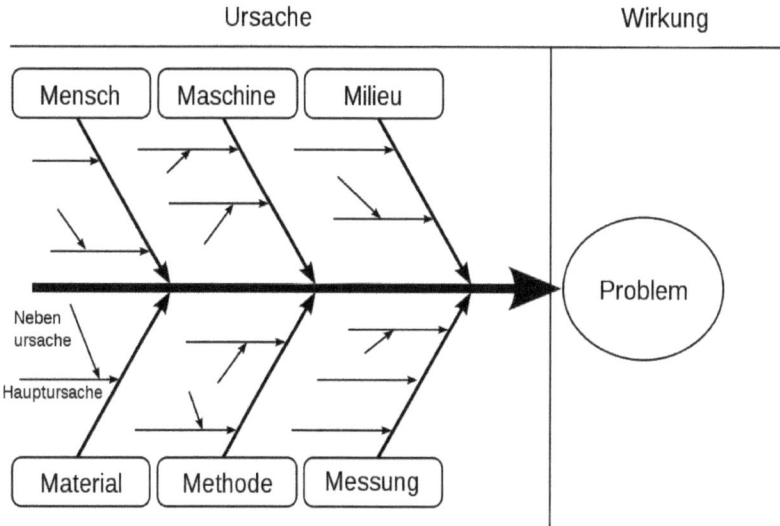

Grafik 7 Beispiel Ursachen- Wirkungs- Diagramm [9]

chen nicht mit dem Zeitpunkt des Auftretens verknüpft sind.

Anwendung:

Das Ursachen- Wirkungs- Diagramm verfolgt die Wirkungen bis in die kleinste Veräste- lung von Ursachen. Dadurch eigenen sie sich besonders zur Diskussion und Analyse im Rahmen einer Gruppenarbeit.

---

[9] Quelle: Eigene Abbildung

3   Praktische Umsetzung

3.1   Qualitätsverbesserung mittels Pareto-Analyse

Um das Potenzial zur Qualitätsverbesserung überprüfen zu können, muss zunächst eine
Priorisierung der einzelnen Netzwerkdienste erfolgen. Hierbei wird im Folgendem eine
Einordnung der Dienste hinsichtlich ihrer Priorität in unverzichtbar, gewünscht und ver-
zichtbar stattfinden.

Beispiele eines Dienstleistungsunternehmens anhand einer lokalen Infrastruktur:

	unverzichtbar	gewünscht	verzichtbar
Helpdesk			x
Telefonanlage		x	
Netzwerkspeicher		x	
E-Mailserver			x
Anwendungsservice (z.B. Office)	x		

Tabelle 1 Interne Dienste

Zeitliche Auswirkung in Stunden pro Woche:

		Pro-gram-mierung	Ausfälle	War-tung	Zeitan-teil	%	kumuliert
A	Helpdesk	3,5	0,5	2,5	6,5	29	29
D	E-Mailserver	2	1	3	6	27	56
C	Netzwerkspeicher	0	0,25	5	5,25	24	80
E	Anwendungsservice	1	1	1	3	13	93
B	Telefonanlage	0,25	0,25	1	1,5	7	100

Tabelle 2 Zeitlicher Aufwand einzelner Dienste

Zuerst werden die Ursachen eines Problems und deren Auswirkungen im Hinblick auf ihre
Bedeutung für das Gesamtproblem bewertet, Tabelle 1. Die Ursachen werden anschlie-
ßend geordnet, in der Tabelle 2 nach Aufwand und Fehlerhäufigkeit kumuliert und nach
Zeitaufwand für die Arbeiten an den Diensten in Kategorien unterteilt. Anschließend nach
der Reihenfolge ihrer Bedeutung, als Säulen in ein zweidimensionales Koordinatensystem
(Pareto- Diagramm) eingetragen, Grafik 8.

Hat man aus den zuvor erstellten Tabellen eine Grafik generiert, ergibt sich daraufhin ein
weit besserer Überblick, als beispielsweise nur mit einer Tabelle. Es lässt sich gut erken-

nen, an welchem Punkten Verbesserungen bei geringstem Aufwand große Wirkung zeigen werden.

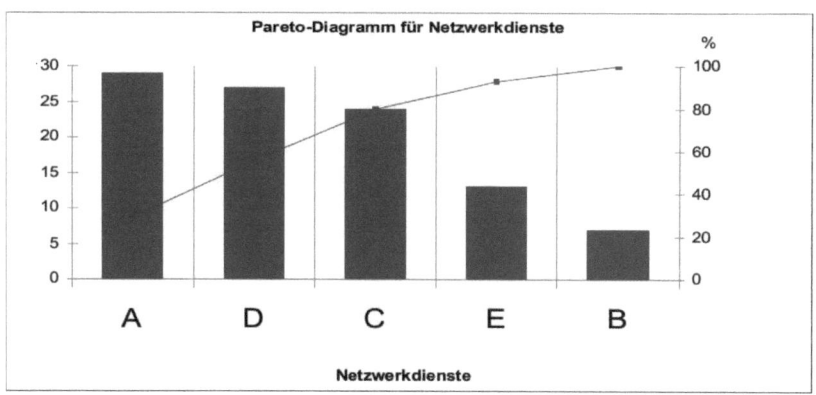

Grafik 8 Pareto-Diagramm für Netzwerkdienste [10]

Diese Methode ist jedoch nur geeignet für relativ wenigen Fehlerarten. Soll eine Vielzahl von Fehlern untersucht werden, so empfiehlt es sich, verschiedene Fehler in Kategorien einzuordnen, allerdings kann dadurch die Aussagekraft der Pareto-Analyse leiden. Zudem hat das Pareto-Prinzip nur Gültigkeit, wenn alle Elemente des Systems unabhängig voneinander sind. Oftmals ist aber diese Eigenständigkeit in den Unternehmen nicht gegeben, da einzelne Faktoren miteinander verbunden sind und einander bedingen.

3.2 Lösungsansätze

Die Pareto- Analyse ist eine Entscheidungshilfe, die es ermöglicht, wichtige von unwichtigen Problemursachen zu unterscheiden. So sind Sie z.B. durch die Auswertung die höchsten Kosten bei dem Helpdesks auszumachen. Auf dieser Grundlage lässt sich entscheiden, in welcher Reihenfolge die Problemursachen angegangen werden sollen. So können bei einer Optimierung von bestehenden Strukturen und Ablaufprozessen einzelne Mitarbeiter oder Mitarbeiter bestehender Teams, umgeschult und für neue Aufgaben eingesetzt bzw. nachqualifiziert werden.

So gilt auch, dass während einer Innovationsinitiative im Unternehmen neue Stellen geschaffen, oder gut qualifizierte Mitarbeiter für neue Aufgaben eingesetzt werden.

Im vorgenannten Beispiel geht es darum, technische Dienstleistungen aus dem operativen Geschäft auszulagern. Im Beispiel sind Dienste wie der Helpdesk benannt und zuständig für viele unterschiedliche technische Dienstleistungen für die Anwender. So betreuen sie beispielsweise die Desktopnutzung wie die Einrichtung von Druckern, Installation von

---

[10] Quelle: Eigene Abbildung

Software und die Bereitstellung von Updates und vieles Weitere. So verhält es sich auch bei der Einordnung aller weiteren Backbone Systeme wie z.B. die E-Mailserver, Netzwerkspeicher oder Telefonanlagen. Würde man auch nur einen Dienst auslagern, wäre dies ein kompletter Entfall eines Technologiestacks, einschließlich Software und Wartungslizenzen. So dass auch Mitarbeiter für andere Aufgaben freigesetzt werden.

4   Zusammenfassung und Fazit

Zwar bedient sich das Quality Management vieler Instrumente, aber der Einsatz der Instrumente alleine genügt nicht, vielmehr muss man sie in Zusammenhang und Wirkung verstehen. QM ist eine Philosophie, eine Denkhaltung, die nur dann erfolgreich umgesetzt werden kann, wenn sie von jedem Mitarbeiter im Unternehmen gelebt wird, mit dem Management als Vorreiter. Dabei handelt es sich nicht um eine Spontanmaßnahme, die sofort nach ihrer Einführung Früchte trägt, sondern um einen langfristigen Prozess, mit dem Ziel alle unternehmensinternen Prozesse zu beherrschen und Fehler zu vermeiden. Wenn TQM jedoch erst einmal anfängt Wirkung zu zeigen, dann drückt es sich in Kostenersparnissen, besserer Produktqualität und vor allem in höherer Kundenzufriedenheit aus. Es zielt auf langfristige Wettbewerbsvorteile ab und orientiert sich stetig an globalen Standards.

Literaturverzeichnis

1 Netzwerkdienste, Wikipedia, https://de.wikipedia.org/wiki/Netzwerkdienst
2 Quelle: Pepels, W., (1998), S.146
3 Fehlersammelkarte, Wikipedia, https://de.wikipedia.org/wiki/Fehlersammelkarte
4 Quelle: Eigene Abbildung
5 Quelle: Eigene Abbildung
6 Quelle: Eigene Abbildung
7 Quelle: Eigene Abbildung
8 Quelle: Eigene Abbildung
9 Quelle: Eigene Abbildung
10 Quelle: Eigene Abbildung